Juan Castillo

Décimas Panameñas

Juan Castillo

Décimas Panameñas

Poemario de mi padre

JustFiction Edition

Imprint

Cover image: www.ingimage.com

Publisher:
JustFiction! Edition
is a trademark of
Dodo Books Indian Ocean Ltd., member of the OmniScriptum S.R.L Publishing group
str. A.Russo 15, of. 61, Chisinau-2068, Republic of Moldova Europe
Printed at: see last page
ISBN: 978-620-3-57692-4

DECIMAS PANAMEÑAS

POEMARIO DE MI PADRE

HOMENAJE A TEODORO CASTILLO GONZALEZ

(QEPD 1920 A 1976)

POR DR JUAN ANTONIO CASTILLO QUINTERO

PROLOGO

Las décimas son composiciones que constan de diez versos. Las décimas deben tener rima, métrica y sentido. La rima debe ser de la siguiente forma: Deben rimar los versos uno, cuatro y cinco; los versos dos y tres; los versos seis, siete y diez; y los versos ocho y nueve.

La métrica se refiere a las sílabas de cada verso. Deseamos aclarar que cada verso es una línea. Los versos o líneas son octosílabos, es decir, constan de ocho sílabas. Sin embargo, hay versos que contienen nueve y diez sílabas. Esto es aceptable porque existe la sinalefa. Esta se forma cuando una palabra termina en vocal y la siguiente palabra comienza con vocal, por lo que esas sílabas se cuentan como una sola, poéticamente hablando. Esto depende de los acentos de las vocales involucradas.

También existen líneas o versos que sólo tienen siete sílabas. Esto sucede cuando la última palabra del verso es aguda. Si se compone una décima y uno de los versos termina con una palabra aguda, y el mismo contiene ocho sílabas, el trovador no tendría suficiente tiempo para terminar la línea con elegancia y tendría que cancanear.

En cuanto al sentido, la décima debe mantenerse en el mismo tema. No debe variar, de lo contrario pierde el sentido.

Además de las décimas comunes que acabamos de describir, también existen décimas con características especiales. Estas décimas deben cumplir con las reglas anteriores y además poseen otras características. Los principales casos son:

La décima con redondilla: Esta décima inicia con cuatro versos que son la guía para la terminación de cada pie de décima o estrofa. En esta décima, el último verso del primer pie de décima debe ser idéntico al primer verso de la redondilla. El último verso del segundo pie de décima debe ser igual al segundo verso de la redondilla y así sucesivamente. Recuperado de http://folklore.panamatipico.com/articulo.php?articulo=312 el 9 de mayo de 2021 a las 8pm

Para un hijo hacerle un homenaje a su padre, es una gran alegría, mi padre se llamaba TEODORO CASTILLO GONZALEZ, oriundo de La mesa de Veraguas, emigro desde muy joven a la provincia de Panamá, ya que había quedado huérfano, se caso con mi madre EUFEMIA QUINTERO VIUDA DE CASTILLO, con quien tubo 3 hijos. Fue un auto didacta del poema, en este caso de la DECIMA PANAMEÑA, logrando escribir una gran cantidad de ellas, de las cuales, quisimos que no se quedaran en el anonimato, lo que nos inspiro a hacer este libro, que se convierte en un legado cultural panameño, de una persona que Amaba su país, su cultura y sobre todo a sus hijos, a quienes nos crio con ese amor que solo un padre poeta sabe dar. GRACIAS PAPA.

Í

NDICE

AMOR MATERNO

I

Es para mí misterioso,
esto que a decirles vengo,
son mis hijos en quienes tengo;
risa, llanto, amor y gozo
y por ellos temeroso,
también tengo sin igual
el gran pecado mortal,
de amorosa tentación, que
¡Siento en mi corazón,
cuando me los miran mal…!

II

La madre que a su hijo estrecha
con cariño entre sus brazos,
aunque quede hecha pedazos,
a besos de amor deshecha,
jamás queda satisfecha,
sed de amor que es su canto,
porque ni Sabio ni Santo,
filósofos de la Fe
puedan explicar porque
los hijos se quieran tanto.

III

Deseo saber y exijo
a que extremo llegará
una madre y lo que hará
al ver en peligro a su hijo,
que yo al pensar en lo fijo,
que es el amor y andar

tan exigente, tercas
de pensar mal confundí
sin saber que será de mí,
ni de que seré capaz.

IV

Yo se que hay madres tiranas,
que a sus hijos los maltratan
que los dan y hasta los matan,
como panteras humanas,
muy distintas de las sanas.
Madre que yo considero,
son las madres que venero,
porque estas en un segundo
dan por sus hijos un mundo
y su corazón entero...!

Teodoro Castillo G.

LA TRAGEDIA DEL PUENTE

I

Se estrelló un bus Chorrerano
con las barandas del
Puente, murió en el accidente
mujer fuerte y hombre sano,
ni la poderosa mano
en el momento crucial,
por la desgracia ocurrida
en el Puente del Canal.

II

Y yo no puedo, aunque quiera,
dar el dato exacto,
como sepultó el impacto
con el bus de La Chorrera,
se que acusan la carrera
del delito criminal,
el caos fue tan fatal,
que lloraron los que vieron
a los seres que murieron
en el Puente del Canal.

III

De los choferes entiendo,
que, si ponen boleta,
pagan la multa completa,
siempre siguen corriendo,
los vuelcos siguen creciendo,
afuera y la capital;
y si no paran el mal,

con la ley un poco fuerte,
seguirán ocurriendo muertes

en el Puente del Canal.

IV

Cerró las puertas el cielo,
un día para las madres
y todos los padres,
que Dios pedía con anhelo,
como solo desconsuelo,
sintió el cerebro mental,
lloró el pueblo general
al ver sus hermanos juntos,
convertidos en difuntos
en el Puente del Canal.

V

No solo son los choferes
del Distrito Chorrerano,
hay más de pueblos hermanos,
que no cumplen sus deberes,
alerta hombres y mujeres
que el informe es oficial,
dice la prensa local,
sin mentir los datos son ciertos,
que son 38 muertos
en el Puente del Canal.

VI

Hizo la furia horrorosa
con su golpe tan tirano,
lloran la tía y el hermano,

la prima y madre amorosa,
porque hiciste muerte odiosa,
con tu látigo infernal,
llora la masa social
y prohibirle a su destino
que cruzara en el camino
por el Puente del Canal.

VII

¿Por qué tanto sufrimiento
nos diste mes de las flores?
Amarguras y dolores,
pesadumbres y lamentos,
porque sembraste tormento
en nuestro sueño ideal,
eres mayo antisocial,
porque en plena juventud,
no los ayudaste tú
en el Puente del Canal.

VIII

Mucho más de mil personas,
llegaron a presenciar
esa desgracia sin par,
oprimidora y burlona, gracias
damos a la Zona
y al jefe principal;
ambulancia, hospital
ya todo el batallón
por su gran cooperación en el
Puente del Canal.

Teodoro Castillo G.

DÉCIMA DE LA CIENCIA Y LA VIDA

I

El rayo nace del suelo,
sube y se vuelve centella,
la luz que forja la estrella,
pasa años en el cielo.
La Tierra fue todo hielo,
la vida salió del mar,
el sol en su caminar
va arrastrando los planetas.
¿Tienen colas los cometas?
Te quiero Preguntar.

II

Porque nos parece plana
la Tierra, es como un melón
y es esta la formación,
de toda estrella lejana
y puede haber vida humana

en millones de luceros,
en los siglos venideros
esto podrá probar,
porque el hombre podrá viajar
por el universo entero.

III

El hombre fue agua fría,
pez reptil viene del mono,
si te lo digo en este tono,
no lo hago de ironía,
pasó el hombre muchos días
en su lucha terrenal,
en cuatro patas su mal,
con rabo, colmillo y pelo,
comiendo raíz del suelo,
como cualquier animal.

IV

La vida en un movimiento,
el hombre sigue adelante,
lo que sabe no es bastante
para su conocimiento,
por eso en cada momento
su poderío se acrecienta;
descubre, investiga e inventa,
aunque el trabajo sea duro,
abre camino al futuro
y las cadenas revienta.

Teodoro Castillo G.

TE HABLARÉ DEL CUERPO HUMANO

I

Del esqueleto por hueso,
te hablaré si te conforma,
para darte alguna norma
que te refresque el beso,
mi...... yo te confieso
con mi cerebro liviano
yo sin libro en la mano
puedo darte explicación,
por eso en esta ocasión
te hablare del cuerpo humano.

II

En la cabeza hay frontal
y lleva dos parietales,
más atrás dos temporales,

más un hueso occipital.
Yo con mi mente cabal,
te refiero con mis planos
que me siento muy infame,
porque estudié ingeniería
y andando mi rebeldía
te hablaré del cuerpo humano.

III

Etmoides es otro hueso
que también hay en la cabeza
y Esfenoides según eso,
es lo que a ciencia confieso,
yo deseo cuando tropiezo
encontrarme mano a mano
y expresar el castellano
lo que yo bien me sé,
para que vea el que estudia,
te hablaré del cuerpo humano.

IV

Grande la cara Señor,
dos pómulos, dos nasales,
dos platinos iguales
y un máximo superior,
lumbar hay un inferior,
yo no te lo digo en broma,
como soy un letrado,
probando mi inteligencia,
para que tu veas mi ciencia,
te hablaré del cuerpo humano.

Teodoro Castill

EL SABIO MENTOR

I

Dime ¿dónde murió Egeo,
si fue en Grecia o Creta?
quiero que me dé la contesta,
de cuáles fueron sus penas.
sí Sansón puso cadenas
o qué castigo él le dio
contéstame con tu voz,
sí de esto has estudiado,
si eres un cantor consumado,
yo soy el sabio mentor.

II

Cuales eran los Monumentos
que los Egipcios tenían,
que una memoria ellos ponían,
moviéndole la cabeza,
cuando moría una Condesa,
con flores la sepultaban
y los condes les cantaban.
Mucha Gloria en su honor,
según la historia declara,
yo soy el sabio mentor.

III

Saturno tomó el Gobierno,
Júpiter el de los mares,
pero de Plutón se sabe
que tomó de los infiernos,
cuáles fueron los sempiternos

de la muerte de Teodoro,
pues tú sabes yo ignoro.
ahora te pregunto
por Telton y Polidoro,
yo soy el sabio Mentor.

DÉCIMA DEL DESTINO

I

Tu destino no está escrito,
ni lo decide una estrella,
seguirá, la propia huella,
en este mundo infinito,
no vive el hombre solito,
sometido a la maldad,
el trabajo en sociedad
transforma la misma vida,
con acciones colectivas
en busca de la realidad.

II

Puede el hombre decidir
su trayectoria final,
pues la vida es fatal
y se puede corregir,
el hombre sobrevivir
de acuerdo a sus intuiciones,
pues es dueño de sus razones
y no es cualquier animal,
sabe del bien y del mal
en todas sus direcciones.

III

Si se vive en la pobreza,
esto tiene explicación,
se debe a la explotación
del que tiene la riqueza
esta situación expresa,
puede el pobre derrotar
y en esa forma voltear
la tortilla en la cazuela,
pero si el pobre se alela,
de pobre no ha de pasar.

IV

El hombre cambia las cosas,
como lo prueba la ciencia,
varía su propia existencia
de forma maravillosa
y aunque es muy portentosa l
a fuerza de la reacción
el pueblo unido en acción,
torcerá el destino oscuro
y derribara los muros
negros de la explotación.

POR REGLA DE LA GEOMETRIA

Al golpe carpintería
yo rompo la línea esta,
doy pregunta y respuesta
por regla de geometría

I

La geometría elemental
es arte de arquitectura
nos enseña medir la altura
de un edificio central
artificio y moral
que el arquitecto quería
sigue las leyes del día
trazando diámetros iguales
círculos y arcos triunfales
por regla de geometría.

II

La geometría ciencia fina
y tratar de posesión
Seguridad y relación
Una cantidad el continua
por ella se determina
una extensión bien directa
longitud de que demuestra
la manera de trazar
para medir y cortar
yo rompo la línea esta.

III

Como se hace un mosaico
con su regla necesaria
sí se necesita escuadra
o se usa algún aparato
quiero que me dé relato
de lo que te pregunto
al momento
por regla de geometría.

LA MUJER QUE SALE LOCA

La mujer que sale loca
no le vale mil consejos
viva con nuevo o con viejo
hay momento se equivoca.

I

El hombre de darle
a la mujer prendas de oro
como buen tesoro
que el pueblo pueda…….
Se causa sed de gastar
en jabón, comida y ropa
desatiende a cualquier otra
por quedar recomendado
no se acuerda del pasado
la mujer que sale loca.

II

Si el marido viaja lejos
y demora por volver
le pagan con serle infiel
vivan con nuevo o con viejo
juramentan que ese viejo
nunca les da la comida
y esas malagradecidas
no les vale mil consejos.

ESTABA DAVID PINTADO

Estaba David pintando
sobre una cruz un calvario
sobre un calvario una rosa
sobre una rosa un rosario

I

El pintó a.......
con los mejores encantos
pintó al Espíritu Santo
la bella estrella de Venus
a un dragón de infierno
que un alma se iba llevando
y así sigue pintando
con mucha sabiduría
ya el amanecer del día
estaba David pintando.

II

Plinto del sol el ocaso
en un ratito del día
y el retrato de Isaías
lo pintó a gran espacio
y pintó todos los astros
relámpagos y rayos
de un altar pintó el vestuario
cuando lo estaba adornando
así siguió pintando.

III

Pintó la ciencia Divina
y la Luna con esmero

pintó el canal del cielo
las estrellas que iluminan
y también pintó la silla
del trono maravilloso
y pintó toda la rosa
con disposición de Dios
y muy hermosa pintó
sobre un calvario una rosa.

IV

Pintó del trono el encanto
y las penas de María
y también pintó ese día
la hermosura de su manto
también pintó el vestuario
de Cristo nuestro Señor
y pintó con gran primor
Sobre una rosa un rosario.

GUERRA ENTRE LAS FRUTAS

Estando formando las flores
una guerra entre las frutas
a ver quién gana la disputa
entre olores y sabores

I

La albaca y la clavellina
como son tan olorosas
para pelear con la piña
la sandía en esta riña
también muestra su valor

los jazmines dan clamor
para llegar a la caña
una guerra en la campaña
estaban formando las flores.

II

El mango y el aguacate
se estrechan con el clavel
el marañón que es aquel
salió en carrera a dar parte
es tan cobarde el tomate
que de la cosa se asusta
la naranja es tan astuta
que se esconde entre la broma
Porque dice que en este idioma
una guerra entre las frutas

III

El amor y chirimoya
que sigue la margarita
la azucena maldita
va formando una tramoya
la ciruela de micoya
impuso al jacinto en multa
la manzanilla gran fruta
con nada pierde la guerra
pregunta el mamey de tierra
quién ganará la disputa

IV

Herido salió el caimito
el níspero y el melón
el cedro pega un trompón

el pifa que pega un grito
el toronjil por soquete
hizo perder a las flores

V

El limón por sus temores
lo derribo la papaya
quién ganará la batalla
entre olores y sabores

SOBRE LA VIDA Y LA MUERTE

I

La vida y la muerte son
parte de la misma cosa
la muerte campea la rosa
y la vida en el botón
y todo es una cuestión
que el tiempo lo determina
porque la muerte camina
tan inevitablemente
que aparece de repente
allí por cualquier esquina

II

Hay un tiempo en morir
y hay un tiempo de nacer
algo de ir y venir
y mirando el porvenir
y que captar el pasado
aquí se ha librado
del abrazo de la muerte
aunque lo abrace la suerte

llega la muerte a su lado

III

Cuando de la vida está en flor

no se piensa en ataúd

todo es ardor juventud

pero llega con dolor

el tiempo de la vejez

el miedo de lo estrecho

se ve la muerte llamando

y la risa ha cambiado

todo se vuelve al revés.

IV

Muere el hombre, muere el verso

la flor la noche y el día

muere el río la mar había

La luna y el universo

muere el sistema perverso

Que nos trae el capital

sobre la muerte fatal

otro sistema aparece

más el mundo sigue y crece

pues la muerte es inmortal.

CUANDO CRISTOBAL COLON.

Cuando Cristóbal Colón

descubrió este continente

eran indios solamente

que habitaban en la Nación

I

Como un experto marino
desde niño aplicado
eran pues sueños dorados
descubrir este camino
como navegante vino
siguiendo su profecía
encontrando protección
desde la Reina Isabel
que era quien tenía el poder
cuando Cristóbal Colon.

II

Después de unos 36 días
uno de sus tripulantes
llamase Rodrigo Sánchez
dio un gran grito de alegría
por las tierras que veía
mostrándole solo a su gente
sin ningún inconveniente
su nave allí avanzo
la raza que allí encontró
eran indios solamente

III

Ya Colon lleno de Gloria
por las tierras que avanzó
con sus lágrimas las regó
y las grabó en sus memorias
las besó dijo la historia
con grandísima emoción
y dando protección
sin ningún inconveniente

la raza que allí encontró

eran indios solamente.

REDONDILLA

Redondilla

Si sabes de anatomía
hablemos del cuerpo humano
para ver si recordamos
La ciencia de biología

II

Hombre si tú te expresas
dime sin equivocarte
exactamente las partes
que componen la cabeza
pues saberlo me interesa
en este dichoso día
ya llegamos a.......
por estos nuevos asuntos
por eso yo te pregunto
si sabes de anatomía

III

De a donde a donde se extiende
la columna vertebral
y como se ha de llamar
las partes que la comprenden
esto lo sabe el que lo entiende
si sabes de biología
pues allí veras la ciencia
tratándose de un cristiano

hablemos del cuerpo humano
si sabes de anatomía

IV

Dime cuántas castillas son
contando de adelante a atrás
dime si en la mitad
se unen a el esternón
yo voy muy preguntón
también muy declarado
si eres cantor consumado
contesta ligeramente
ahora que estoy presente
lo que yo te he preguntado

V

De que se llama laringe
tratándose de los dedos
que me conteste yo quiero
lo que le dicen faringe
falange, falangina, falangeta
quiero que me des contesta
ahora que estamos aquí
hablemos de la nariz
si sabes de anatomía.

TU AMOR Y TU HONESTIDAD

Tu amor y tu honestidad
me han obligado a quererte
morena dame la muerte
sino logro tu amistad

I

Divino imposible mío
por imposible te quiero
porque amor a lo imposible
yo por ti solito muero
en ti esta mi voluntad
por ti es que en realidad
tan desconsolado vivo
porque me tienes cautivo
tu amor y tu honestidad

II

Cuando te vuelvo a mirar
y no me pones atención
se me parte el corazón
como si fuera un puñal
yo no ceso de llorar
el motivo de no verte
deseo con ansias la muerte
dentro de mi corazón
tu ternura y tu pasión
me han obligado a quererte

III

No me confunda señora

Crimen no lo he cometido
y yo para ti he nacido
relucientisima aurora
sé que firmemente adoras
a un amante por inerte
linda mía de toda muerte
daré la vida por ti
sino me quieres a mi
morena dame la muerte

IV

El árbol desconocido
por el fruto que produce
los hombres por sus luces
dicen su bien atendidos
mi bien a ti te he escogido
con toda formalidad
no dudes de la formalidad
no dudes de la verdad
te lo digo sin cautela
me arrojaste a la candela
sino logro tu amistad.

YO ME ENAMORE DEL AIRE

Yo me enamore del aire
del aire de una mujer
mujer que por vela tanto
tanto me hace padecer

II

Yo idolatro una deidad
deidad que me da la muerte
muerte por mi mala suerte
suerte por mi voluntad
voluntad que por verdad
verdad digo con donaire
donaire, pero desaire
desaire ya me causo
causo porque lo digo yo
yo me enamore del aire.

III

Este aire lleno de fuego
fuego por mi voluntad
voluntad que por verdad
verdad con desasosiego
desasosiego que luego
luego el punto de que hacer
que hacer pretendió mirar
ver mis ojos con donaire
donaire, pero del aire
del aire de una mujer.

IV

Esta mujer me cautiva

cautiva todo mi amor
amor que prende con rigor
rigor que el gesto me priva
priva tanto que reciba
reciba mi amor en llanto
llanto que me da quebranto
que llanto de mi querer
querer que me hiso esta mujer
mujer que con verla tanto.

V

Tanto rigor no es posible
posible seria morir
morir para no sufrir
sufrir lo que es imposible
imposible si es temible
temible es mi padecer
padecer quito el placer
placer en que yo me encanto
encanto, pero, por tanto
tanto me hace padecer.

EL MUNDO SE ESTA ACABANDO

El mundo se está acabando
ya no es Dios el que gobierna
el demonio es el que gobierna
por lo que estamos mirando.

II

Se acabo la religión
solo reina la erigía
solo se ven picardías
los vicios sin razón
quien busca la salvación
andamos solo pecando
sin saber cómo ni cuando
Dios a cada uno castiga
no quiere que se diga
que el mundo se está acabando

III

Quien guarda los mandamientos
quien guarda la ley de Dios
vivimos de modo atroz
sin luz ni conocimiento
no hay quien de un buen ejemplo
en esta vida moderna
vivimos con el sistema
como lo dijo San Pedro
esta es la ley de diablo
ya no es Dios el que gobierna

IV

Tocan rosario y a misa

allí ninguno quiere ir
solo se puede salir
el mundo con su malicia
el pecado y la avaricia
es lo que más nos condena
hablar de la vida ajena
es el punto superior
como lo dijo el autor
el demonio es el que reina

V

Tocan guitarra y violín
sin combinar a ninguna
allí va todo el mundo
desde el principio hasta el final
lo dijo San Agustín
y el clérigo San Fernando
que todo se está acabando
principal la caridad
solo reina la maldad
por lo que estamos mirando.

LAS FIGURAS DEL ALFABETO

Veintinueve figuras son
las figuras del alfabeto
si quieren escribir completo
aprendan la puntuación

II

Con la A se escribe abollar
amar, amable, asunción

con la B s escribe bota

con la C se escribe cruzar

con Ch se escribe chacal

con la D división

con E se escribe emoción

con F se escribe feto

para que aprendan completo

veintinueve figuras son

III

Con G se escribe

gozar grande, gracia, gemido

con H se escribe hilo

con la I, igual

con J, jinete

con K se escribe kilometro

con la L comienza libreto

con la LL se escribe llamar

veintinueve figuras son

las letras del alfabeto

IV

Con M se escribe matar

con N se escribe naciente

con la Ñ ñame

con la O se escribe odiar

con la P se escribe paleta

con la Q se escribe quieto

con la R religión

aprendan esta puntuación

si quieren escribir completo

Con S se escribe Sultán

con la T travesura

con la U comienza uña

con la V volcán

con la W Williams

con la X xilófono

con la Y se escribe yuca

con la Z zapato

si quieren cantar completo

aprendan la puntuación.

TE VAS CONMIGO MAÑANA (LÍRICA)

Dime prenda consentida

si tú me quieres a mí?

Si acaso me dieras el si

que alegría para mi vida

dime ni luz encendida

lagrimas por ti derrama

sufriendo tanto disgusto

si quieres saber de gusto

te vas conmigo mañana

II

Es tan grande mi esperanza

de verla a ud a mi lado

tengo los muebles comprados

para que no haya tardanza

de que conmigo se casa

sino habla palabra vana

yo le veo muy malas ganas

quiero que hablemos ahora

sin demora

se va conmigo mañana

III

Solo me pongo a llorar

loco por el pensamiento

de sufrir tanto tormento

sin poderlo remediar

no me puedo consolar

de mi suerte tan tirana

mi corazón se desvanece

y que placer para mi

sí me dijeras que si

te vas conmigo mañana

IV

En un día claro y hermoso

nació de mi corazón

una espléndida ilusión

y mis penas temerosas

de mis placeres no gozo

pensando en mi linda dama

yo me veo entre las llamas

por causa suya por mi amor

contéstame sin pensar

te vas conmigo mañana

V

Dígame cuál es su intención

de tenerme entretenido

para casarse conmigo

que la espero tanto tiempo

si ud tiene sufrimiento

porque se haya soberana
si porque viste de lana
no creo que en mi la espero
si su amor es verdadero
te vas conmigo mañana

VI

Ya tengo la calentura
yo creo que de esto me muero
de lo que no sucedió
que mi mal no tenga cura
hagan bien la sepultura
con un doble de campana
no seas conmigo tirana
antes que mis ojos cierren
sino quieren que me entierren
te vas conmigo mañana

VII

Yo le quiero poner
una corona de estrellas
a esa frente tan bella
que la pueda merecer
así es que yo quisiera ver
con mi vista buena y sana
y yo con mis buenas ganas
para ud fuera su cielo
para que crea sin recelo
te vas conmigo mañana.

VIII

Para que vea que la quiero
de bajarle dos luceros

para en su casa alumbrar
y luego lo más tardar
yo quiero hablar con su mama
esto que mi alma reclama
se lo tengo puesto aquí
pero dígame que si
te vas conmigo mañana.

(CANCIÓN)
TENGO QUE HACER UN VESTIDO

Tengo que hacer un vestido
bordado de sentimiento
con los botones de olvido
y las telas de escarmiento.

II

Grandes penas padezco
creyendo en tu corazón
en continua aflicción
que hasta la muerte me ofrezco
yo a ti nunca te aborrezco
esto lo digo advertido
y seguiré comprendido
nada tengo a mi favor
de llanto, pena y dolor
tengo que hacer un vestido

III

Si mi duro padecer
suspendiera tu rigor
la vida lo honra el honor

todo lo rehúsa el querer
hoy no puedo comprender
la ruina de mi tormento
no, no falta el sufrimiento
sí estar vivo no lo entiendo
porque el corazón lo tengo
bordado de sentimiento

IV

Cuando las aves del campo
se acercan
surcan las aves del monte
para fastidio mi llanto
nada mas hace quebranto
como triste sabio vivo
y como estoy engreído
a nada tengo temor
solo con un manto de dolor
con los botones del olvido

V

En fin mi suerte alcanza
de tu gracia algún favor
nunca veras en mi amor
la más pequeña mudanza
si mi loca esperanza
la destruye el momento
más de mirar sin aliento
desmedido y sin asunto
me veras aquí difunto
con las telas de escarmiento.

HOY TENGO MUCHA PRUDENCIA

Hoy tengo mucha prudencia
por eso es que yo me fundo
estos cantores profundos
yo veo que no tienen ciencia
pues les falta la experiencia
para poder practicar
para poder estudiar
se necesita hoy en día
que se acabe la porfía
callar cantores callar

II

Hay cantores de oriente
de todas partes del mundo
que yo me llamo Facundo
y a todos les hago frente
soy el hombre más prudente
hay que respetar
no me pueden igualar
sino se hayan sujetos
sabrán que yo soy el maestro
callar cantores callar

III

¿En dónde está tu saber?
que tú dices que aprendiste
que el estudio no lo vista
y te vienes a entrometer
quieren hablar sin saber
cosas del libro puntual

que le falta el practicar

que te lo voy diciendo

callar cantores callar

LLEGO EL MAESTRO DE CIENCIA

Llego el maestro de ciencia
señores a qué? A cantar
retirarse o callar porque
no aguanto insolencia

II

Yo me llamo forma blanca
doctor en ambos derechos
vivo en saber, saber satisfecho
porque estudie en Salamanca
me voy siempre se vio franca
para niños de insurgencia
ud no pidió licencia
para haber entrado aquí
a oír a cantar a quien
llego el maestro de ciencia

III

Maestro soy en teología
en lógica y moral
solo vengo a encaminar
a los cantores del día
soy gran maestro en poesía
con titulo singular
filosofo soy cabal

vengo como Evangelista
señores a quién? A cantar

IV

Yo estudiando los legales
y la sagrada escritura
junto con la miniatura
y todas las ciencias reales
yo soy de los principales
consultores del lugar
primero estudie en Alcalá
Salamanca Y San Diego
voy pues a romper el fuego
retirarse o callar

V

Soy doctor en medicina
estudiando la mecánica
la agricultura botánica
también la lengua latina
anexo en arte de Minas
estudiando con frecuencia
la astronomía con decencia
y el entendimiento humano
todos me besan las manos
porque no aguanto insolencia

ESTE MUNDO ESTÁ AL REVES

Este mundo está al revés
camina como el cangrejo
que el niño regaña al viejo
como ud muy bien lo ve

II

Hemos visto y mal verán
cometer mil desacatos
que el ratón se come el gato
y los pollos al gavilán
comerse el perro al caimán
anda por la Tierra el pez
el cuadrúpedo en dos pies
las gallinas comen zorra
tiene que decirte la cotorra
este mundo esta al revés

III

Hoy manda el mozo al patrón
la mujer a su marido
regaña su madre al hijo
huye del venado el león
tiene pelo el orejón
la cana no es del viejo
huye el tigre del conejo
la justicia no es legal
hasta el gobierno anda mal
camina como el cangrejo

IV

He visto en las oficinas

dos mil mujeres empleadas

soltera, viuda y casada

como el gallo a las gallinas

al gobernador se le .....

si el hombre se hace el pendejo

esto anunciado les dejo

de ellos tendremos el pago

como el muchacho mal criado

que el niño regañe al viejo

V

Pues has leído la historia

de.... con el rey repásala

y ya ve ley

que yo la sé de memoria

la mujer es....

como bien se puede ver

por eso no les daré

empleo en las oficinas

porque pierden su rutin como ud muy bien lo ve

VI UN ENTIERRO PASAR

Vi un entierro pasar

pregunte quien se murió?

no quien me respondió

a aquel que van a enterrar

II

Viernes Santo vi a Jesús

maltratado en su destino

caminaba un mal camino

con el peso de la cruz
vi de oscuro la luz
y atándolo a un pilar
le mandaron a azotar
entre Herodes y Pilatos
Jueves Santo a las cuatro
vi un entierro pasar

III

Con inteligencia
yo volví al mismo lugar
para ver se venía pasar
la divina omnipotencia
con humildad y paciencia
maltratada…viejo
la sangre que emanó
por la lanzada primera
yo por saber quién era
pregunte quien se murió?

IV

Miércoles con gran cuidado
yo volví al mismo lugar
para ver si venia pasar
al mismo Dios humanado
le pregunte a un soldado
ese es el Dios que nos crio
y me respondió que no
que ese era un hombre perdido
y privado de sentido
no sé quién me respondió

V

Jueves la Virgen María
por el calvario pasaba
y San Juan la....
donde estaba el Mesías
yo le oí madre mía
dígame la verdad
y me dijo en realidad
todo en lagrimas bañada
es el hijo de mis entrañas
a aquel que van a enterrar

SOLO PIENSO NO LLEVARTE

Sabrás mi bien que he venido
tan solamente a buscarte
cómo me voy y te digo
solo pienso en no llevarte

II

Con crecido sentimiento
si es preciso bien de mi alma
ya mi amor se queda en calma
al declarar mis instintos
ya mis viajes están violentos
y mi terminar cumplido
muy lloroso y afligido
porque al fin tu amante soy
al decirte que me voy
sabrás mi bien que he venido

III

Quien te pudiera llevar

mi hijita en esta ocasión
dentro de mi corazón
para poderme ausentar
que dolor tan singular
que el corazón se me parte
y como no puedo llevarte
quedaste con Dios belleza
y se encuentra mi….
tan solamente a buscarte

IV

Si Dios me presta la vida
y me ampara con…
espero que el Salvador
al volver de mi partida
entonces prenda querida
me mirase en nuestro espejo
de mi fortuna me quejo
muy lloroso y afligido
así vivo entristecido
cómo me voy y te digo

V

Adiós mi hijita, adiós alma mía
adiós mi encanto lucero
dame un abrigo primero
que me voy por la mañana
ya me despido sin ganas
con amor sin permitirlo
yo prometo no olvidarte
y tenerte en mi memoria
Dios me olvida gloria

solo pienso no llevarte

QUIEN FUE JESUS.

Quien fue de Jesús el Padre
el hombre por pecador
se hiso acreedor del infierno
convencido del padre eterno
envió su hijo redentor

II

Nació el Salvador
de Maria Inmaculada
que en vida fue consagrada
y santificado su nombre
murió por salvar al hombre
en una cruz muy pesada

III

Yo no he visto asesinato
más cruel ni más horroroso
que aquel acto doloroso
que resulto un Viernes Santo
ningún hombre sufrió tanto
tal como Jesús sufrió
que sufrió una muerte impía
por salvar al pecador
y terminado su dolor
el mundo lo reprimió

IV

Causa temor y espanto
lo que nunca se había visto

clavado en la cruz a Cristo
un hombre divino y santo
ningún hombre sufrió tanto
tal como Jesús sufrió
que sufrió una muerte impía
por salvar al pecador
y terminado su dolor
el mundo lo reprimió

V

Perdónalos padre mío
porque no saben lo que hacen
piden perdón por la frase
perdón por el pueblo impío
que así el pueblo
contra él ha vociferado
al ver que su vida acababa
con el dolor más profundo
fue así redentor del mundo
al ver que ya agonizaba

NO SOY AMIGO PARA AMIGOS.

No soy amigo para amigo

ni al amigo de quien fiar

no hay más amigo que Dios

II

Amistad es expresión

de alto significado

y se aplica sin cuidado

en cualquier parte o reunión

hermanos en la ocasión

por confundir el sentido

esa palabra que ha sido emblema de sinceridad

para decir la verdad

no hay amigo para amigo

III

El dinero es factor fiel

y de alta posición

nos brinda la ocasión

relaciones por doquier

pero si andamos sin el

nada podemos lograr

y nos llega a despreciar

aquel que mas ha servido

ya lo digo arrepentido

no hay amigo de quien fiar

IV

Enfermo en un hospital

o en una cárcel metido

no se presente un amigo

que nos venga a consolar
cuando la muerte es fatal
la sociedad es feroz
es el ser más miserable
en faltándole la madre
no hay mas amigo que Dios

V

Si tienes un buen trabajo
que te de comida
te rodeara la amistad
colmando de agasajos
pero anda despreciado
y pierdes tu bienestar
te llegara a despreciar
tu mujer y tu gran amor
será tu amigo mejor
en la fiel si quiera un real

AMIGO DEL BUEN AMIGO

Amigo del buen amigo
para entre los dos les cuento
Dios me tiene descontento
y su secreto se lo digo
con semejante castigo
toda mi alma destrozada
el me perdona el pecado
que he pensado en otros
no les digo, pero Dios
me tiene muy disgustado

II

Soy un pobre campesino
machacado por la suerte
que solo espero la muerte
para cumplir su destino
no se porque el Jesús Divino
siendo, justo fiel y leal
en que me encuentro metido
como si fuera un bandido
malhechor y criminal

III

Lleno de dificultades
montaña de sufrimiento
mares de padecimientos
corriente de enfermedades
sus grandes penalidades
que me tienen abatido
con el dolor oprimido
puedo estar contento yo
esto acá pasa a los dos
me tiene Dios muy sentido

IV

Mundo de contradicciones
lleno de conformidades
de injusticias y maldades
y de grandes direcciones
voy a poner mis razones
expresan dolor aquí
que esta vida para mi
es un futuro es un delirio es

un horror es un martirio
la suerte con que nací
V
Conozco grandes historias
de hombres bien acaudalados
y de sabios encumbrados
sus elogios y victorias
y yo que canto tus glorias
te he perdido con franqueza
a Dios de tanta promesa
tiende tu mano piadosa
y sácame de esta fosa
de miseria y de pobreza
VI
Para mi no hay alegrías
y solo se dé disgustos
de sobresaltos y sustos
de temores de agonía
desprecio todos los días
oh que gran fatalidad
yo declaro que es verdad
todo cuanto les he dicho
siempre firme en mis caprichos
Dios no me tiene piedad

PIDA NIÑA LO QUE QUIERA

Pida niña lo que quiera
en perla, diamante y oro
yo le brindo mi tesoro
sí de mi lo recibiera

I

Yo le bajo el mismo sol
se lo pondré a sus pies
la luna también le bajo
sí lo recibiera
yo del golfo le traía
una perla en su vidriera
una rica primavera
para su casa adornar
yo le doy la facultad
pida niña lo que quiera

II

Yo le bajo las estrellas
yo le bajo los luceros
a sus pies le pongo el cielo
a esta niñita bella
entre todas las doncellas
es la que quiero y adoro
con el alma la enamoro
y la tengo
y le cubriría los dientes
con perla, diamante y oro

III

Yo le doy mi corazón

las dos niñas de mis ojos
a todo esto me la arrojo
por lograr de mi intensión
yo le regalare mandado
a hacer con decoro
de los jardines de flores
le regalase
un como la
yo le brindo mi tesoro
IV
Yo le daría mi existencia
junto con mi voluntad
el entendimiento y ciencia
le brindo a esta deidad
todavía le diera mas
si esta niña me quisiera
un palacio yo le ofreciera
adornado con marfil
esmeralda y rubí
sí de mi lo recibiera

TU AMOR Y TU AMISTAD

Tu amor y tu amistad
me han obligado a quererte
morena dame la muerte
sino logro tu amistad
I
Divino imposible mío
por imposible te quiero

porque amor a lo imposible
es el amor verdadero
yo por solito muero
contigo esta mi voluntad
por ti es que en realidad
tan desconsolado muero
porque me tienes cautivo
tu amor y honestidad

II

Cuando te vuelvo a mirar
y no me pones atención
se me parte el corazón
como si fuera un puñal
y no ceso de llorar
el motivo de no verte
deseo con ansias la muerte
dentro de mi corazón
tu ternura y tu pasión
me han obligado a quererte

III

No me confunda señora
crimen no lo he cometido
y yo para ti he nacido

relucientisima aurora
sé que firmemente me adoras
a un amante por inerte
linda mía de toda suerte
daré la vida por ti
sino me quieres a mi morena

dame la muerte

V

El árbol desconocido
por el fruto que produce
los hombres por sus heces
debe ser bien atendidos
mi bien te he escogido
con toda formalidad
no dude de la verdad
te lo digo sin cautela
me arrojase a la candela
sino logro tu amistad

¿UN SÍ DE AMOR CUÁNTO CUESTA?

¿Un sí de amor cuánto cuesta?
cuánto cuesta un solo si?
cuanto vale la respuesta
de tu boca para mi

I

Si tu me quieres tanto
como yo te quiero a ti
pronto me dieras el si
no me dieras más quebrantos
quiéreme cielo mi encanto
cándida flor de belleza
dame entrada en tu fuerza
para conversar contigo
por última vez te digo
un sí de amor cuánto cuesta?

II

Vida si tú me quieres
y no me sabes querer
serás dueña de mi gusto
y hay día de mi querer
si a otro quieres complacer
y no me quieres a mí
de él tendrás el pago si
dichosa prenda que la anida
ahora quiero que me diga
cuanto cuesta un solo si

IV

Vida mía si tú me quieres
sin tener ninguna duda
sí a mí la suerte me ayuda
no me de sus placeres
porque es que quieres
oye mis palabras honestas
haciéndote la propuesta
sí a ti te podría amor
a ver si puedo pagar
cuánto vale la respuesta?

V

Su compañero ha de ser
al mirarla tan hermosa
para mi es peor tal cosa
que mis ojos perder
encantadora mujer
desde el punto en que te vi
mi inclinación fue para ti

con todo mi corazón

espero contestación

de tu boca para mi

NI POR GRAMÁTICA SOLA

Ni por gramática sola

y también por geografía

bajen cantores en poesía

sabrán que yo soy la escoria

en la figura y la forma

que todas quieren bajar

se tendrán que retirar

porque les falta el saber

hombre es que tú no sabeí

callar cantores cantar

I

Baje cuantos respetables

a ver si así me da miedo

que donde quiero que llego

encuentro uno que no sabe

con su palabra variable

que no se sabe pronunciar

cien venirme a avasallar

y no saben con quien se meten

mi hablar es completamente

callar cantores callar

III

Yo tuve en el Ecuador

buscando un puerto fino

en este largo camino
no he encontrado a un cantador
que estudie con perfección
este mudo universal
estudian bien la moral
y toda la filosofía
en esta larga porfía
callar, cantores, callar

IV

El rejo que te apropiai
eso no me causa a mi
un descuido que tengai
por tu nalga va a servir
no te vuelvo a decir
que te voy a castigar
azote te voy a dar
por respondón y malcriado
educacion te ha faltado
callar cantores callar

YO LES QUIERO PREGUNTAR

Yo les quiero preguntar
a los sabios más profundos
que los que se van de este mundo
donde van a parar?

I

Dicen que va así a la Gloria
el que es justo impecable
si es persona honorable
yo digo que va a la historia
el que tiene la victoria
de su país gobernar
por si acaso hace progresar
a la Patria gobierna
y el que va a la historia eterna
yo les vengo a preguntar

II

Algunos me han dicho a mi
muere un niño sin bautismo
pasa siglo en el limbo
porque Dios lo ordena así
la religión que aprendí
pone un cielo como rumbo
el alma va a descansar
esta tesis va a engañar
a los sabios mas profundos

ANEXOS

FOTOS Y RECUERDOS DE MI PADRE TEODORO CASTILLO GONZALEZ

EL AUTOR

EL DR JUAN ANTONIO CASTILLO QUINTERO ES Pedagogo, Docente, formador de docentes, consultor, investigador y escritor de 13 libros y artículos científicos. Licenciado en Ciencias de la Educación y en Humanidades con Especialización en Educación Física, Doctor en Ciencias de la Educación con Especialización en investigación Y Doctor en Educación Física Deporte y Recreación, con estudios de Postdoctorado en, Cultura Física y Deporte, Ciencias de la Educación Ambiental y Didáctica de la Investigación Científica. Profesor de pregrado y postgrado, Realiza tareas de asesoramiento pedagógico y programas de desarrollo profesional docente, ha impartido numerosos cursos de formación docente en UDELAS PANAMA, UNIVERSIDAD TECNOLOGICA DE PANAMA, UMECIT PANAMA Y UNIVERSIDAD DE PANAMA, Experto en las nuevas metodologías de la investigación para el desarrollo y práctica profesional del docente universitario.

Printed by Books on Demand GmbH, Norderstedt / Germany